Eros & Thanatos

Rêves, Philosophie, Poésie Avant-Gardiste... From Hell.

A mon maître et ami, M. Favière.

Noirot Lénaïc

ISBN : 978-2-8106-0756-3
Dépôt légal : septembre 2008

Editeur : Books on Demand GmbH, Paris, France

Imprimé par Books on Demand GmbH, Norderstedt, Allemagne

© 2007-2008 Noirot Lénaïc, Tous Droits Réservés

Préface de l'auteur

Lundi 9 juin 2008

Petit Manifeste

Tout petit manifeste de mon envie d'écrire. Je ne sens pas en moi l'âme du messager, je me sens juste torturé assez pour pourrir encore ce monde, un peu plus. Filer les mots sur la corde sensible du monde ; et voir au final de l'ouvrage, un collier de perles tressées de noir âcre nacre souillé. Ce soir pour moi humaniser rime avec "file la nausée", tout comme humanité rime avec "dégobiller". Je me crois blasé assez pour laisser tomber tout ce qui apparait valable aux yeux de la législation et sombrer dans quelque chose de plus brillant. Je ne veux pas être aussi prétentieux et nul que J. Michael, c'est pourquoi je m'arme d'avis divers et critiques variées. Soleil terni qui veut briller à la face du monde, miroir brisé qui ne reflète que vérité; ou, ne l'est-elle pas ? Je souhaite exhorter le côté mauvais des gens, paraître vulcain assez pour forger une carapace d'acier trempée, tachetée de suie...

Je ne suis pas un Héros, ni le nouveau Sartre. Je ne prétends à aucun titre choquer autant que le fit le Sieur La Vey ; je n'ai pas le talent de M. Favière non plus. Mais ma gueule, je ne la fermerai jamais : ma plume a un réservoir d'encre qui relève d'un puits sans fond : toujours plus loin, toujours plus noir, toujours pis encore que ce qu'on veut entendre.

PARTIE PREMIERE

MEMOIRE ONIRIQUE

Tommyknockers ?

Nous sommes dans ma chambre, dans le noir. Floriane, d'autres, et moi. Une table de billard est étendue au sol. "Il n'en restera qu'un d'ici ce soir." dit un homme. On se jetait la boule de billard, celui qui la recevait été empalé par une queue (de billard). Quand ce fut mon tour, je jetai la boule et tua de trois coups de queue (de billard) un homme. En plein cœur. Il ne restait plus que Floriane et moi. Nous décidâmes d'aller s'enfuir. ZERG RUSH !! Devant mon portail, que je m'apprêtais à fermer, Buck -- mon chien décédé -- voulut nous suivre; je refusais.

Second ZERG RUSH jusqu'à une demeure inconnue. Une fois arrivé, un péquenaud avec un chombli à la crapotard me proposa de regarder du Kaamelot. Je m'insurge ! Il me dit alors d'aller vers les toilettes pour me transformer en fantôme. J'y vais, je me transforme. Mais Floriane me voit et veut me tuer en me mettant une clé dans la tête. Je sors à moitié, et mon corps et mort. Pourtant je subsiste en partie...

Cage de Forêt

J'ai rêvé qu'on était plusieurs à être enfermé dans une sorte de cube aux parois transparentes, et que ce cube était une forêt. Si on voulait sortir de ce cube, on tombait et se noyait sans un marais. Seulement, le cube était immense, et on passait notre temps à fuir une sorte de monstre fourmilier géant qui voulait nous tuer.

Beetles

J'ai rêvé qu'il y avait des cafards gros comme mes bras devant ma chambre.

Radio

On était à table, avec mon père, ma mère et un ami à eux. Ma mère fatiguée s'en alla se coucher. Ensuite, je commence à m'en aller moi aussi, mais je remarque que Jean Yves (l'ami de mes parents) commence à couler en dessous de la table, il dégouline... Il glisse en fait. Et ses yeux sont rouges, comme s'il avait consommé des stupéfiants.

Je pars finalement et je remarque une chose, mon père n'est plus à table, il a laissé la radio allumée et regarde la télé, et il me dit "Mitternacht m'a dit un truc à la radio, 'fait le premier pas' ". Je lui ai répondu de la laisser allumée au cas où, tirant un large sourire. Je m'en vais.

Il faisait jour, la nuit…

Il faisait jour, j'étais au Colombier. On disait de moi que j'étais en retard au lycée.

J'arrive près d'une villa. Je rentre et vais dans leur jardin, il fait nuit. Je me retrouve nez-à-nez avec une fille nue, elle me fait des avances. Je crois avoir accepté. Après, étrangement, il fait jour. Et ses parents ainsi que son mari sortent de la villa. Ils la tuent, je sors un révolver de ma poche et j'en fais autant.

Je me réveille au cinéma, je sors et croise Benjamin. On s'engueule et se prend la tête. Je lui reproche la manière dont lâchement il a usé pour m'abandonner. Il m'offre des tickets à gratter de la française des jeux. Je les jette à terre "Un pardon aurait tout arrangé dés le départ, désormais c'est trop tard...". Je le suis jusqu'au Mag-Nab où il doit jouer, mais arrivé aux toilettes du Théâtre il disparait. Je retourne en ville et gratte les tickets qui étaient toujours à terre. J'ai gagné 3000€...

Quarte

Cité Sellier:
Je suis dans la cité Henri-Sellier, c'est l'Automne. La ville a un ton sépia. Dans la rue, je m'avance vers un groupe de personnes allongées sur un trottoir. J'en connais une, Amaury -- j'ai été en 6°F avec. Il me propose d'aller voir un concert, j'accepte.

File d'attente du concert:
Dans une salle qui ressemble plus a une piste de skate-board qu'à une salle de concert, on distingue trois files, mais une seule semble atteindre quelque chose : la file centrale. Cette dite file mène a un autel avec dessus une grande représentation en or massif de Bouddha. J'ai envie de toucher Bouddha moi aussi... Alors je m'avance sur la file de droite, personne n'occupe ni celle ci ni celle de gauche. Je me rends compte que de ces files, on ne peut pas l'atteindre. Alors j'essaye de passer par dessous le cordon de sécurité mais un gars avec un tambour me dit :
"Hey ! On ne gruge pas !!
- J'étais là depuis des heures je peux pas changer de file ?
- Non..."
Dégouté, je retourne dans la rue pour rentrer chez moi.

Sauts dans la rue:
Je sors, et j'arrive devant Pat-à-Pain d'à côté de chez Léon en centre-ville. Je rencontre Samia Zitouni, elle me propose de me raccompagner chez moi. J'accepte. Après plusieurs fous rires on entame notre voyage mais sans que je m'en rende compte, elle disparait. Moi, j'avance à grands pas; Ou plutôt, à grands sauts. Je saute, au dessus des gens, je saute, au dessus des voitures, je saute... Et Samia disparait. Pendant que je saute je remarque que je suis dans un quartier de vieux pèquenauds paysans. Ils m'interpellent pendant mes sauts, alors je coure chez moi... Sans sauter.

Agression chez moi:

Devant mon portail, ma grand mère m'attend. Ou plutôt, quelque chose avec l'apparence de ma grand mère m'attend... Elle veut rentrer, je lui interdis. Je saute directement de devant le portail à mes escaliers avec le téléphone en main...

"- 18... Merde c'est pas ça *raccroche*, 17... *sonne*" Mon cœur commence à battre, je le sens.

"- Police Secours j'écoute ?

- Al... allo... On veut rentrer chez moi, un individu... un cambrioleur je sais pas !! VENEZ !! 6 bis rue XXXXXXX ! Pitié venez !!

- Votre nom ?

- Monsieur NXXXXX... LXXXXX NXXXXX...

- Bien comptez jusqu'à 10 *raccroche*"

Et elle était chez moi, je le sentais je l'entendais... Je jette le téléphone dans les escaliers qu'elle s'apprête à monter puis je rush la chambre de mes parents, je soulève le matelas et les lattes pour me cacher dessous. Mais j'entends des pas dans les escaliers... C'est elle, je le sens; Je le sais ! Je n'ai plus qu'à sortir de mon lit pour la frapper jusqu'à ce que je me réveille...

Ah Ah !! Les FLICS !!

J'ai rêvé que Nader avait ouvert une grande surface, et que Floriane, Luigi et moi devions voler le magasin. Seulement, on s'est fait prendre par la police. Alors on s'est caché chacun dans notre coin ; la fuite était dure, on devait courir de longues distances. Je me souviens m'être caché dans les bois, mais m'être fait attrapé à cause des ondes de mon Smartphone. Donc quand je me suis échappé du poste de police je l'ai coupé et mit en mode Avion. Cependant, comme je croyais l'affaire tassée je retourne en cours. Cours d'histoire avec Mme Delboy, on est assis au milieu avec Floriane. Les flics arrivent... Je tape contre la vitre en disant "Rassurez vous je ne vais pas sauter", puis je me retourne vers eux en les félicitant et en les applaudissant (foutage de gueule) "Vous avez réussi YOUHOU !"

KEVIN !!

On était dans un train, avec Pierre (Dri). Il était en marche vers la Martinique. On allait voir mon cousin Kevin. Une fois le train arrivé, nous débarquâmes sur une sorte de berge. Et puis, pour arriver à la chambre de Kevin, on devait traverser une sorte de mare aux requins, l'eau était bleu-verte. Ce qui fut étrange, c'est que Pierre regardait les CD de Kevin et discutait avec lui de batterie.

Mon AVOCAAAAAT !!

J'ai rêvé que j'allais au bureau de tabac qui se trouve à côté de l'école de Fay, dans mon quartier -- St Martin. En arrivant dans la boutique, le marchand me demande de déposer mon sac à dos sous peur d'être volé. Je lui donne; Il le met derrière le comptoir. Je vois quelqu'un dans le magasin, il cherche un magazine sur la musique nommé "Tracks", à la vision du titre on aurait plus dit "Trass" (Remarque : Plusieurs élèves ont eu la mention Pass à leur DS d'anglais récemment). Je repars de l'autre côté de la pièce et je m'aperçois que Léon est là. Il saccage la boutique, je ris. Après qu'il ait accomplit son forfait je pars. Je demande mon sac et l'homme refuse "Tant pis, si vous ne me le donnez pas j'appelle mon avocat !", aucune réaction devant ma menace. Rentré chez moi, je trouve le téléphone sans fil loin de sa base. Avant d'appeler Me Couderc, je croise Nicolas. Et je me réveille.

INTERLUDE DE DELIRE PHILOSOPHIQUE

Despondency : *nom anglais signifiant abattement. Je vais par la suite donner ma propre définition.*

On se réveille en ayant rêvé que la vie était moins pourrie, qu'on était riche, aimé, ou bien sain de corps. On a pas dormi mais pourtant rêvé. Se coucher à 2h pour fermer les yeux, larmoyants, vers 6h... Puis après le réveil, on tente de se lever. On trébuche, se cogne un peu partout. Les yeux gonflés par les larmes de la nuit précédente...

La bouche pâteuse, on va saluer nos proches en disant que ça va. La nausée reprend, et on vomit. Dans l'évier, dans les toilettes. Ou par terre. On vomit et se blâme d'être qui on est. On dégueule, et on pleure. On en a marre : la coupe est pleine.

Sans réussir à manger, mais pourtant en ayant faim. On part faire une sieste. Tenant dans la main, un yaourt de notre goût favori. Arrivé sur le lit, il n'a plus de gout. Mis à part celui de la nausée et de la vie gâchée.

On se recouche sur une musique qui n'arrange rien à notre état d'esprit. En pleurant, une fois encore. Rien ne va, rien n'ira.

Les anciens dirent que l'espoir s'en était allé, pour toujours.

Ils ont peut-être raison. Peut-être pas. Mais que l'espoir soit là ou pas. Je suis las de moi, encore une fois je suis froid. Encore une fois la fatigue me ronge et le sommeil ne se fait pas sentir. Je ne suis bon qu'à me gaver de médicaments... Pour trouver un repos chimique...

Je suis abattu. Toi qui lis, je t'en supplie sors moi de là ...

Le Droit à la Mort (ou le seul véritable remède)

Hier j'ai eu le droit à un commentaire de mon médecin généraliste comme quoi l'ostéopathie n'était pas de la vraie médecine. Aujourd'hui j'en ai parlé à ma chérie, future ostéopathe, et elle a rétorqué une défense Chewbacca. Et moi donc ? Ne suis-je pas apte à ma médecine propre ? Ma médecine primitive ? Ou plutôt moderne quoi, là où les autres trouvent des chaises roulantes et des appareils de respiration artificielle moi je prône l'Euthanasie et le Suicide Assisté. Sincèrement, parfois les gens trouvent leur vie finie et ne font qu'attendre la mort dans une solitude incommensurable et un désespoir à son paroxysme, le summum de la douleur en gros. J'aimerais pour cela que le suicide soit assisté et puisse être dispensé partout où il le faut; avec tous les artifices qu'il faut. Comme pour le SIDA et ses campagnes tous les ans. Tous les ans au Lycée et au Collège (puis ceux de la Terre entière pourquoi pas...) on devrait avoir des campagnes de sensibilisation comme quoi la vie des gens est merdique et qu'ils ne font que, pour la plupart, la gâcher (ainsi que celle des autres...) et ne pas en profiter... Après on verrait des gens à la chaine se faire piquer le bras à coup d'acide Cyanidrique. Pourquoi pas remarque. Grand nettoyage !! Depuis le temps que j'en rêvais... Y'a grand à nettoyer hein ... Je pense qu'il y aurait trop de boulot pour un seul Homme. Comme quoi on serait tous avec un grand avenir entre les mains si le suicide était dispensé et aussi courant que mettre un pied devant l'autre... Cela dit... Si au lieu d'assisté il serait infligé...

Ça reviendrait pas à tuer des gens non, non et non... J'ai déjà dit que le suicide assisté était pour les caves et les gens qu'on rien pour eux (Gueuledeurathe ?). A la différence près d'avoir leur approbation... Donc le suicide infligé est peut être la solution à la future surpopulation de Mother Earth... et des Staircase... Hum... y'a bon !! Donc mon suicide infligé est la solution au chômage aussi... Si des employés sont tués on sera bien obligé de reformer les gens qui restent. On peut aussi Suicider tous les chômeurs. Mais pas les sans emplois, j'ai pas vraiment envie de crever... pas ce soir... un jour peut-être...

PARTIE SECONDE
POEMES ET PSEUDO-AUTOBIOGRAPHIE

Fêlure de Glace

Il est un rasoir,
Un sain et d'esprit fluvial,
Le seul qui put naître en cette époque.

Il libère et apaise,
Ceux qui le courage blesse.

Il se réveille par temps d'orage,
Et se calme quand l'aube arrive.

Il naquit un soir d'automne,
Pour la déspondence amener sur ton âme.

Puisses-tu réaliser, un jour sain et saint.
Que tu gâches et gâtes ce que tu touches?
La rose dans tes mains pourrit
Le champ parsemé de tes graines est gâté.

Pourri-gâté!

Tout ceci craque et gèle sous mes pieds,
La fêlure abandonne mon poids sous...
Ce monceau de glace immonde...

Putride dans lequel je me perds...
Je meurs, encore et encore.
Le cycle indéfinis de souffrance et de dépit.
De dégâts aussi.
...

Aujourd'hui, les rires meurent,
C'est de cette manière que mon rire est mort.
Je l'ai déchiqueté.
Et je me détourne, langoureusement, du nid sacro-saint...

Ce Miroir

Ce miroir est noir,
Il reflète la mort...
Ce miroir est pourri,
Il reflète la flétrissure...

Ce miroir est noir,
Il reflète les déchets,
Ce miroir est gâté,
Il reflète la mort...

Ce miroir,
Dans lequel je m'observe,
Me montre mes rides et faiblesses physiques...

Ce miroir me souille le corps ...
Ce miroir me souille l'esprit...
Ce miroir me souille l'âme...

<u>Corbeau Noir</u>

A cette jeune fille tant appréciée

Je suis un corbeau noir de chanvre et d'argent,
Doux plumage enrobé d'encens,
J'écarte les ailes et le blizzard arrive,
Je déploie ma haine et le désespoir chavire ...

Enkelin survit! Réveille-toi et admire,
De par mon dos plumeux,
Le grand canyon ouvert fendu sous tes yeux.

Enkelin ne sombre pas,
Ne déçoit pas...
Ceux qui t'aiment ici bas.

D'un amour éternel et sincère,
D'un amour éternel : anti-éphémère.

Nausée (Bis Repetita)

Encore ce soir larmoyant,
Où plus rien n'a de goût.
Encore ce soir une révélation...
Abortion du tonus d'acier,
Qui maintint mes os en place.
Ce soir je réalise que tout...
Tout est pourri.
Toute chose a un point noir de moisi,
Toute chose a une tache dégueulasse.

Ce soir j'ai encore la nausée.
Consterné de révélations,
Lassé d'actions.
Je ne trouverais même pas repos dans l'automutilation.

Je voudrais vomir ou être demain,
Que peut être tout s'arrange... pitié pitié.
Plus le temps passe et plus je me sens défaillir.
Je veux quitter ça, je veux quitter cet Etat.
Je veux partir de cette pourriture qui chaque jour m'affecte un peu plus,
Hier innocent, aujourd'hui monstres, demain ?

Cupidon, Je t'Exècre

Cupidon je te hais.
Dans mon cœur il a planté,
Une flèche noire et ébréchée.
De son métal rouillée me souille les veines,
D'un espoir refoulé m'enduit l'esprit.
Ô rage…
Dédain ; ouvre lui les yeux … ou crève les miens.
Que je n'aie plus à supporter,
Un visage où les larmes ont coulées.

Des Rêves

Il y a des rêves,
Qui tournent au cauchemar …
Comme voir un mort ou un ex amant,
Toute la beauté est dans l'onirisme,
Un bienfait pervers qui nous est ôté,
Le lendemain même…
Aimer un soir, avec le consentement d'autrui…
Se réveiller, sourire !
Mais revenir à Terre et se souvenir…
Il ne veut pas de nous.
Condamné à la solitude dans une boîte de plomb.
Enchaîné dans une cave humide et froide.
Bombardé tous jours d'images de gens qui s'aiment…
Abattez-moi qu'on en finisse.

Son Charme

A une douce enfant

Douce et bonne du fond du cœur,
La petite fille est pure d'intérieur.
Amour douceur bonté...
Trois sens à régir sa vie.

Jeune fille appelle le si tu veux, M. est là pour toi et il te le fait savoir.
Interprète entre deux zones, entre deux mondes...
Jeune fille! Ecoute ce qu'il te dit.

Jeune fille, je te portant autant dans mon cœur que le Jeune Homme (S.F. (très fort)),
Profite de ta malédiction.... et souffre enfin par dépit
De ce qui dut arriver :
"Un homme grand et brun/châtain pour causer ta perte"
Voilà le message de M., écoute le s'il te plait.
Tant me plait à écrire que filer sur les notes d'un piano comme si je glissais comme il le faut ... OH OUI!

Fil de pensé étrange ; *dit moi*

Jeune homme toi qui fus jadis bafoué,
Permet moi de me présenter,
Prétendre à tes côtés sans être parfait.

Du mieux que je peux me dresse un contrat,
Post-au-delà ce tel agira,
Place toi sous ma Tutelle M. D.T. et tu verras, la vie est rose.
Si tu me crois jeune homme tu verras que je n'ai tort,

L'alcool nous montre une face exhorté de nous ; et la mienne te dis je t'aime.
Ne recule pas M. D.T. et regarde moi ainsi que les promesses!
Celles que je tiens, restaurant cadeaux câlins.
Bisous amour douceur, être tout doux.

Avec toi et pour toi, c'est une manière bien imagée;
L'auto écriture poétique n'est pas à craindre ni à comprendre,
Elle est à sentir. Développe ton 6e sens et aime cela.
Tu verras que sous mes traits de fou furieux qui entend encore les voix...
Se cache... fragile :

Se cache un cœur brisé que je veux qu'on m'embaume.
C'est à toi que je le quémande M. D.T., panse mes blessures pour qu'enfin je vive...
D.T. s'il te plait, aide moi et ta vie, je le promets, deviendra magique et vivable.

TONY! Exhorte ton amour, sur... qui mérite.
Quitte à me retrouver lésiner, donne aux méritants!

~~Monsieur T. redit moi ce que tu m'as dit, maintenant non seulement j'accepte mais je quémande ton amour... aime moi rien qu'une fois.... et je te rendrais la vie belle : croit moi.~~
~~Je t'aime.~~

<u>Ode à la Méritante</u>

Le hurlement nocturne,
De la bête taciturne,
Qui se réveille.

Le courage lui prend le cœur bien qu'énorme.
Elle réagit quoique filiforme.
De son corps frêle dompte la bête.
De son courage immense fait preuve.

Doulçour, bonté, gentillece,
Noblece, beaulté, grant honnour,
Valeur, maintien et sagece,
Humblece en doulz plaisant atour,
Conforteresse en savour,
Dueil angoisseux secourable,
Acueil bel et agreable.

Furoriane est admirable,
Tant dans sa forme que dans son esprit
La grandeur qu'elle est reste incomparable à mon talent,
Aussi important puisse-t-il être...

Furoriane je te porte mon amour,
Furoriane je te porte mon respect,
Furoriane jamais ne t'oublierai.

FURORIANE! PENSE!
Furoriane...

L'Idole de Papier Mâché
En clin d'œil à une petite fille et une tendre amie

En m'avançant de ma lourde armure d'acier, je remarquais un jour la présence de quatre êtres. L'une était d'un visage que je n'oserai toucher, l'un d'une enfance encore non-achevée, il y avait une femme aux courbes superbes qui faisaient saliver mon esprit et mon imagination... en totale opposition avec la dernière : une fille de papier mâché. Des lustres passèrent.

Un jour en ville, la boue recouvrait les pavés, on pouvait voir que les pierres étaient mal taillées : certaines carrées, d'autres rondes. Sans doute l'érosion et le temps plutôt que le forfait accompli du gougnafier ivre. Les sculptures d'amateur qui pavaient la route étaient grises, gris marron... La boue souille ce qu'elle atteint. La pluie n'ai fait qu'aggraver les dégâts.

Je jetais alors un œil vers le ciel, les nuages étaient soit gris soit noirs. Et plus ma tête était courbée, plus la pluie caressait mon visage. C'était doux, et froid. Le contact de la tempête me parut alors plus chaleureux que le passé vécu, enterré.

Soudain un bruit se fit entendre, c'était l'enfant : "L'idole! Elle bouge plus! Elle bouge plus!". L'horreur de papier mâché avait cessé de se mouvoir, elle restait figée en plein centre du village. La pluie l'abîmait peut être, je n'en avais rien à faire : j'exècre cette statue jeune enfant.

La beauté et moi partîmes au loin ; laissant l'enfant et la banale prier l'idole.
"Ils ne devraient pas, dis-je tout bas.
- Que veux-tu ? La jeunesse est sujette à erreur dit la beauté."
Ses yeux ronds me fixaient, moi sous le charme, j'esquissais un sourire : les deux coins de ma bouche se relevaient, laissant paraître mes crocs guerriers.

De temps à autre le groupe de deux enfants venait nous voir, on les mettait en garde mais s'en foutaient. Un appel de Syrène était fait par l'idole, il n'y avait que ça de valable selon moi. L'idole seule au milieu de la place publique, seule dans sa tête de carton et détritus. D'un coin de l'œil je remarquais, l'idole commençait à défaillir, cela me fit rire ; "Mais non! Ils sont proches!". A quoi bon les mettre en garde ? Ils n'en font qu'à leur tête.

L'idole chuta, le papier humide et froid étouffa. Les deux jeunes enfants en avaient plein le visage, ils furent asphyxiés par l'encre mouillée. Ou ils suffoquaient. Un pas, deux pas ; je suis à côté. Je voudrais les gifler pour ne point m'avoir écouté, et que cela changerait-il ? Je jette mon heaume à terre, le cœur serré, étreint par la rage. Je voudrais détruire encore plus cette idole déchiquetée, la pluie a accompli un forfait que je n'aurais point eu le courage d'assumer... Mais j'y ai perdu deux compagnons de voyage. Il me reste la beauté. Je sors mon épée de son fourreau, et abrège les souffrances des enfants. La lame d'éther est à présent de sang. J'abandonne tout ce qui est, et marche vers un horizon sombre et incertain. La beauté, tête baissée yeux en larmes remarque mon départ, et me voyant à quelques lieues de là, pousse un cri muet qui s'étouffe. Elle me voit, voit ma silhouette, dans l'ombre se confondre ; dans l'abysse se terrer.

Et ce fut ainsi la fin, de l'idole de papier mâché. Si une leçon à en tenir, serait ce que vous cherchiez la voici pour vous : les amis guerriers savent mieux ce qu'il vous faut, alors au lieu de vous confondre dans l'adoration de la futilité, fermez les yeux et écoutez les.

Sans Titre
A une petite fille qui se reconnaitra

Si je fus jadis une fleur,
A présent la voilà fanée.
De l'intérieur je pourris,
Et pourtant, je (sur)vis.

Petite fille, ne perd pas ton temps,
A t'attacher à un mort-vivant.
Petite fille, échappe-toi,
Avant que ton âme se mette à se jouer de toi.

Mon cœur fut aussi beau,
Et plein d'espoir, tel
Un bouquet de fleur.
Mais à présent délavé... meurtri;
Comme un champ que l'on aurait trop moissonné.

Petite file toi maintenant qui me connait,
Tu ne peux que voir et constater,
L'ampleur des dégâts à déplorer,
Je ne suis pas une perte car je ne suis pas parti.
Jeune enfant, prend tes jambes innocentes à ton cou!
Part, fuit! Le plus loin possible.

La pourriture qui suinte de mes veines,
Coule et t'atteindra comme elle a pourri les autres.

Petite fille surtout, promet moi...
Ne pleure pas sur mon sort...
Petite fille, promet moi...
Ne pleure pas sur mon sort, je suis déjà mort.

Mes Ennemis (à F.C.)

À ma tendre F.C.

D'un coin de l'œil observent ma chute,
D'un dédain absent complotent mon sommeil éternel,
Pensant sans doute que je ne suis qu'un, que je ne suis plusieurs,
Pensant que je suis brindille, bois d'ébène fatigué.

Seulement, "il" est là,
Là ; et las de ces argousins :
Godelureaux fétides et incapables,
D'une volonté flexible et palpable... arrivent

"Il" me relève soudainement,
Moi qui faillis au combat,
Mercure, répond à son symbole, et sort sa massue ;
Jupiter, répond à son symbole, et devient colère.
M. répond à mon appel et exhorte ma rage.

Soudainement je me relève aussi,
Naguère fatigué, jadis de forces amoindries.
"CE QUI NE ME TUE PAS ME REND PLUS FORT!"
Je ramasse ma lance d'acier et d'éther,
Pour la plonger dans le poison.

M. guide mes gestes et mes paroles.
M., guide mes mots et annihile mes maux.

Le combat terminé je tombe à nouveau.
Seulement ici trouve le soulagement,
Dans le sol d'argile et de sang,
A dormir encore, et rêver,
De jours meilleurs, de jours de beauté fanée.

Mon œil malade et mes blessures pansées,

Constat de jeune réveillé,
Je me souviens,
Mlle. F.C. est là, une force incomparable.

Je vois flou et pourtant,
Ce qu'elle m'envoie ne se constate pas par la vue,
J'ai un cœur, maudit et faible,
Mais assez vivant encore, pour.
Constater, la pureté, la véracité, de.
Son amour, fraternel.

Par delà les épreuves, par delà la mort (fin del siecle),
Elle pourra compter sur moi, et sur M.,

Deux en un pour en faire vivre une,
Deux en un pour de sa vie recréer le paradis,
Deux en un, pour qu'un jour, l'un, la fasse sourire : for altid.

Despondency

I feel cold and lonely
In this sleepless night with
-no body to hug
Nobody to love
A train outside is going
-somewhere, somehow
The cold wind blowing
-gently, My sad face
Reminds me, how late it is
Insomnia rapes my soul
All I want is this fucking day to
-end, but it does NOT
Slowly breathing cold air
Throughout my sick throat
I cough, as I suffer.
I hate X because I love X.
Now I'm part of restless people.
Dead people are leftovers that are left
-alone
I'm not dead, and I do live
Please someone, warm me!
Somehow, anyhow!
For your love awake my dying soul...

Mardi 13 Mai

Aujourd'hui je me suis levé et j'ai ouvert les yeux, mais ce ne fut pas comme d'habitude. Je tousse un peu, enlève la couette "on crève de ch..." et tousse encore plus fort. Un feu brûle dans ma gorge, et rien que le fait de ravaler ma salive m'emplit de douleur... Comme à chaque lever depuis un certain mercredi après-midi. Je pense à X. Je me demande ce qu'X peut bien faire ... X m'avait dit qu'on se reparlerait sur MSN dans l'après midi. Je bâcle donc un épisode des Simpson sur mon pc puis m'en vais faire -encore- une série d'examens médicaux, je suis pour la Nième fois passé sur une table avec des électrodes de partout ... bouha!

Rentré je ne pouvais rien manger, alors j'ai bâclé une partie de Cabal Online ... Puis ... J'ai fermé le jeu.

X est venu, l'espoir semble mort,
J'avais pourtant misé gros,
Misé tellement gros que la perte ne me parait...
Recouvrable.
Pourtant on me dira, que rien n'est perdu que rien n'est mort.
Car rien n'a été et rien n'a vécu.
Tous ces rires, sourires...
Toutes ces joies.
N'ont été, que vaines.
Le plancher craque, une fois de plus le bois se rompt.
Sous mon poids, celui porté par mes épaules
-une écharde dans le dos, qui, me fut mise
Par la chute, par l'allé
Et venue...
Dans cet abîme, ou je me croyais.
Sorti, à jamais.
Pourtant, tombé bas et relevé me revoilà,
(encor)
Sombre froid et monstre.

Il y a quelques semaines j'ai dit "Shall I make a change, and kill myself ? Tonight ?", c'était en l'air je pensais rire. Mais en vue des récent évènements ... Je crois haut, je crois fort et dur : l'espoir est mort, les jours heureux sont derrières nous et les gens bien six pieds sous terre ...

Aujourd'hui, encore, et plus que d'habitude : je suis abattu.

L'Envie d'écrire

Je dégaine ma plume et te crève les yeux,
Rire le temps d'un éclat,
Pleurer le temps d'une nuit.

Le style que j'arbore,
Suppute la thèse que tu corrobore,
Du haut de mes Escaliers je "est",
Et "Je" hais.

Mon nom est Mitternacht,
Car "Je" sommes plusieurs,
Mon nom est Mitternacht,
Car "Je" est un autre.

Ma plume dégainée ; je la trempe de Whisky,
De vers sataniques elle emplit mon carnet,
Ma plume dégainée ; je la trempe de WhYSKY,
Pourquoi le ciel, dit moi, pourquoi la Terre, dit moi !
Ma plume dégainée ; et tes yeux crevés,
Pouvoir de l'alcool qui rend social,
Pouvoir de l'alcool qui libère les daemons!

Vin est bien mais whYSKY plus rapide,
Suicide est lent par Liqueur,
Une bouteille et oublie tes soucis,
Pour qu'enfin, elle noie le "demain"...

Puis,
Décibelles ravivent,
Acouphènes festives.
Occultes impacts qui raguent...
- Ma Rocque...

Pense à présent!

Vit par toi même!
Ton esprit est supérieur si tu parviens,
A entendre ceci, lis par moment, fuis par instants!
Muse qui commande est pouvoir à présent,
Écoute, lit et fuit!

Prière:
Ô toi le plus beau et le plus savant des anges,
Prend pitié de ma longue misère,
Relieve me for what I've done,
Relieve me for what they did.
Because of poverty, because of hate!
Today I killed a man; tomorrow I'll do't myself...
Total nonsense of satanic verse,
Total nonsense, Jesus' pointless...
Jesus! I'm fucking POINTLESS!!

Poisson Rose, Poisson Bleu

Il fut un temps où nageaient en paix les poissons roses... Le courant les emportaient, bleu, en profonde mère ; d'eux... Tous les poissons roses prenne le chemin de dextre et s'en vont, visitent les abysses... Vivent les algues et profite de leur nudité.

Il fut un temps où naquit un poisson bleu, ce dernier préférait sénestre... Ce n'est pas de sa faute, il n'aime pas nager contre courant... Il essaye mais ne peut pas... C'est contre sa nature d'aller ainsi, c'est de briser ses branchies que de le forcer à aller ici.

Qu'importe qu'il veuille nager contre courant ? L'important c'est son bien être. Qu'importe qu'aux abysses il préfère le rocher ? L'important, c'est qu'il vive sa vie : il vit pour lui, non pour les poissons roses...

Morale : Que tu sois poisson bleu ou rose, tu seras péché par un homme, et mangé.

Détruire

Détruit une fois de plus, mais sans pour autant en laisser les âmes indemnes... Le soleil se couche ici et tout devient nuit : milieu de la nuit. Les maux qui me rongent sont contagieux, quiconque s'approche d'un feu fini par bruler.

Détruit encore, et je l'ai emmené avec moi... J'ai pu toucher la pureté et la pervertir un peu. J'ai pu jouir de la jeunesse, et la briser de mes mains de fer.

Détruit pour toujours, et je me hais encore une fois... L'amour est chose si rare et si fragile que de m'en vouloir est la seule expiation. Même les monstres seraient affectés. Et pourtant je bloque, rien ne coule, pas même du sang, pas même des larmes.

Détruit et détruire, c'est ainsi que tout se vit. Détruit par les distances donc endommagé d'un doux dédain...

Détruit et cassé, c'est tout le résumé. Cassé, croqué... Croutes craquelées cassantes elles aussi...

Détruire... C'est ce que j'ai fait de ton visage innocent, pardonne moi... Ou tue-moi...

C'était un arbre...

Un bourgeon dans le sol, triste seul.
Piétiné par l'inconscience, détruit par la bêtise humaine.
Et pourtant il croît.
Un tantôt bien développé se mit à rire le temps de l'été,
Le printemps lui montra que les jours n'étaient pas que sève à verser...
L'automne lui arracha ses feuilles... faibles elles fuient facilement et filandreuses...
L'aurore a un ton sépia qui donne au monde un côté ancien.
L'arbre a ses feuilles mortes et pourtant il croît.
Le printemps suivant ses pommes sont rouges, ses feuilles sont vertes...
Mais pourtant...
Casse la branche et craque le bois!
Cri du cœur de corne qui croustille craquelé!
La licorne décapitée pleure la scène et galope dans l'océan dans l'espoir de se noyer...

C'est quand l'arbre avait ses fruits les plus beaux qu'on a décidé de le déraciner,
Sans digne raison du meurtre d'un arbre beau et érigé,
Les fermiers chantent et dansent,
Païens faibles et filous trop encore pour se rendre compte du courroux du bouc qui leur morcellera le visage et éclatera le cœur de sa colère sardonique!

C'est désormais par terre dans le compost que siège un pommier pourri et complètement humide,
Tout ce dont il avait besoin était de rester dans son fumier, car c'est là le meilleur engrais...
Paix à ton âme arbre détruit, puisse cette couronne de laurier te donner la voie de la liberté, la voix panthéiste du reflet de ta sève, vengée...

Notes de fin de recueil : Ces poèmes ont été pris sur le tas au fil de cette année, bien sur les premiers plus récents sont mieux élaborés mais le talent reste le talent, que ce soit un brut morceau de bois taillé, ou un diamant sur un anneau d'argent. On me dira sans doute que l'autobiographie des poèmes n'est pas la voie à suivre. Je n'ai pas été à l'école de Proust ou de Flaubert, encore moins honoré de celle de Balzac. Je m'exprime du moyen qui me plait le plus. Maintenant je m'explique par rapport à la constante dualité dans mes poèmes : d'où le titre « Eros & Thanatos ». ~~Je suis schizophrène ou alors possédé par le diable, nul ne le sait ; ce qui est sur c'est que dans ce corps vit une âme maudite en plus de la mienne qui est seule. Et voilà pourquoi ces deux côtés obscurs luttent ici. Pour la suite, cela ne vous regarde qu'à moitié… Vous en savez déjà trop.~~

Amicalement, Lénaïc ~~et Mitternacht~~.

FIN

Pour le moment …

Remerciements

Merci à tous ceux et toutes celles qui m'ont entouré autour de cette dure année. Merci à Floriane, Simon, Katé, Léa, Anaïs, Jules, Julien, Léon, Pierre … Et tous ceux que j'ai oublié volontairement. Merci à M&T pour avoir rendu cette publication possible.

Je ne remercie pas, tous ces connards de wesh, tous ces connards d'homophobes, tous ces intolérants qui payent leur fils 3000€ pour abandonner, un temps, leur vraie sexualité. Je vous exècre comme il se doit.

N.L.